大展好書　好書大展
品嘗好書　冠群可期

大展好書　好書大展
品嘗好書　冠群可期

彩色圖解
太極武術
5

24式太極拳

+VCD

李德印　演述

李自力　VCD

大展出版社有限公司

24式太極拳

　　1954年，國家體委對武術工作制定了「挖掘、整理、研究、提高」的方針，成立了武術研究室。決定從太極拳著手，編定統一規範的武術教材，為普及開展武術活動創造條件。為此，國家體委邀請吳圖南、陳發科、高瑞周、田鎮峰、李天驥、唐豪等太極拳名家共同商討，制定了精簡太極拳初稿，其內容由各流派太極拳的代表性動作組成。初稿公佈後，普遍反映內容不夠簡明，廣泛普及比較困難。1955年國家體委武術處毛伯浩、李天驥、唐豪、吳高明等專家再次研究，決定以流傳面和適應性最廣泛的楊式太極拳為基礎，按著簡練明確、易學易練的原則，選擇主要內容重新編排，保留太極拳的傳統風貌，突出太極拳的群眾性和健身性。遵循上述方案，經過反覆修訂，終於產生了新中國第一部由國家體育主管部門編審的統一武術教材——簡化太極拳，由於其全套共有24個動作，故又稱24式太極拳。24式太極拳具有以下特點：

　　1. 全部內容選自傳統楊式太極拳，動作柔和均勻，姿勢中正平穩，老幼咸宜，人人可練，易於推廣。

　　2. 全套24個動作，練習時間為 4～6 分鐘，內容精煉，約為傳統套路的1/4～1/3，適於在早操、工間操活動中開展。

　　3. 內容盡量減少重複。保留了傳統太極拳的主要技術內容及基本規格要領，同時又避免了傳統套路中半數以上為重複動作的現象。

4. 內容編排突破了固有程序。按著由簡而繁、由易到難的原則，開始安排直進動作，其次安排後退和側行動作，最後穿插蹬腳、下勢、獨立和複雜轉折動作，體現由淺入深、循序漸進的教學原則。

5. 努力做到鍛鍊全面、均衡。重點動作增加了左右勢對稱練習，避免了傳統套路中只有左下勢、右攬雀尾的偏重現象，使學者便於收到全面鍛鍊的效果。

24式太極拳於1956年正式公佈，立即受到廣大群眾的歡迎，全國城鄉出現了普及太極拳的熱潮。目前，24式太極拳不僅在國內，而且在國際上也廣泛流傳，成為各國太極拳愛好者喜歡的入門教材，對太極拳走向世界發揮了積極作用。

24式太極拳的編寫，為武術遺產的整理和武術教材編寫摸索了經驗，對武術界某些狹隘保守思想也是一次衝擊。一些擔心太極拳簡化改編會違反傳統，丟掉精華的人，由事實逐漸改變了看法，認識到傳統武術運動，只有在與社會發展和群眾需要不斷適應的變化進步中，才能表現出強大的生命力。太極拳的歷史和現實都證明了這一真理。

24式太極拳動作名稱

預備勢

1. 起 勢
2. 左右野馬分鬃
3. 白鶴亮翅
4. 左右攬膝拗步
5. 手揮琵琶
6. 左右倒卷肱
7. 左攬雀尾
8. 右攬雀尾
9. 單 鞭
10. 雲 手
11. 單 鞭
12. 高探馬
13. 右蹬腳
14. 雙峰貫耳
15. 轉身左蹬腳
16. 左下勢獨立
17. 右下勢獨立
18. 左右穿梭
19. 海底針
20. 閃通臂
21. 轉身搬攔捶
22. 如封似閉
23. 十字手
24. 收 勢

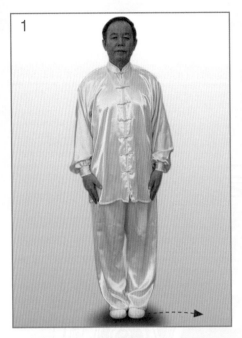

預備勢

　　身體自然直立，兩腳併攏，兩腿自然伸直。胸腹放鬆，兩臂下垂，手指微屈，兩手垂於大腿外側。頭頸正直，下頦微收，口閉齒扣，舌抵上齶。精神集中，表情自然，雙眼平視前方（圖1）。

（一）起　勢

　　左腳向左分開半步，足距與肩同寬，兩腳平行向前，成開立步（圖2）。

兩臂慢慢向前平舉，與肩
同高、同寬，雙臂自然伸直，
肘關節向下微屈；兩手心向下
，指尖向前（圖3）。

兩腿慢慢屈膝半蹲，重心
落於兩腿之間，成馬步；同時
兩掌輕輕下按至腹前，上體舒
展正直，兩眼平視前方（圖4）
。

【動作要點】

1. 起勢中的馬步是太極拳的基本步型，教師應按照步型的基本要求，要求學生從一開始就建立起正確的動作定型。

2. 開立步時，應抓住「輕起輕落，點起點落」這個步法規律，先將重心移至右腿，左腿放鬆，而後輕輕提起左腳跟，以不超過右踝的高度向左分開半步。落腳時前腳掌先著地，並且使腳尖朝正前方，隨之全腳掌逐漸踏實。

3. 手臂的前舉和下按應抓住「勻速、緩慢」這個關鍵。手臂的移動要有逆水前進的感覺，既要有一定的緊張度，又不可僵硬，既要放鬆，又不可鬆懈。

4. 手臂前舉時，兩手先在兩腿外側將掌心轉向後方，隨即再慢慢地向體前平舉。

5. 兩掌下按時手心朝下，要有主動下按的動作，按到兩手與腹同高時，須展掌、舒指。

6. 屈膝的高度要視學生的素質，因人而異，不要一概而論。太極拳的全套練習中，除少數勢子外，整套拳術都是在半蹲的狀態中進行的。開始的屈膝高度基本上就是整套拳的拳架高度，練習中間不允許忽高忽低。因此，教師不要讓學生將起勢的架子蹲得過高或過低，以免拳架高度起伏不定。

7. 上體要保持正直，脊背、臀部、腳跟基本在同一垂面上。

【易犯錯誤】

1. 向左開步時，身體左右搖晃。

2. 兩臂前舉和下按時，兩肘尖外撐、上揚，兩肩上聳。

3. 屈膝下蹲時上體前俯或後仰。

4. 手臂前舉和兩掌下按時，腕關節過於鬆軟，造成手臂前舉時指尖朝下，兩掌下按時指尖朝上的「折腕」錯誤。

（二）左右野馬分鬃

上體稍右轉；右臂屈抱於右胸前，手高不過肩，肘略低於手，手心向下；左臂屈抱於腹前，手心向上，兩手上下相對，如在右肋前抱球狀；左腳收至右腳內側，腳尖點地；眼看右手（圖5）。

上體左轉；左腳向左前方邁出一步，腳跟輕輕著地，重心仍在右腿上（圖6）。

上體繼續左轉；重心前移，左腳踏實，左腿屈膝前弓；右腿自然蹬直，右腳跟外展，成左弓步；同時兩掌前後分開，左手分至體前，高與眼平，手心斜向上；右手按至右胯旁，手心向下，指尖朝前；兩臂微屈；眼看左掌（圖7）。

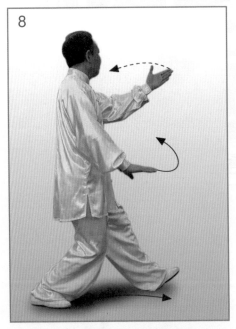

重心稍向後移，左腳尖翹起外撇，上體稍左轉；兩手準備翻轉「抱球」；眼仍看左手（圖8）。

上體繼續左轉左手翻轉成手心向下，在左肋前屈抱。右手翻轉前擺，手心向上，在腹前屈抱，兩手上下相對，如在左肋前抱球；重心移至左腿，左腳踏實，右腳收至左腳內側，腳尖點地；眼看左手（圖9）。

上體稍右轉；右腳向右前方邁出一步，腳跟輕輕著地（圖10）。

上體繼續右轉；重心前移，右腳踏實，右腿屈膝前弓；同時左腿自然蹬直，左腳跟外展成右弓步；兩手前後分開，右手分至體前，高與眼平，手心斜向上；左手按至左胯旁，手心向下，指尖向前；兩臂微屈；眼看右手（圖11）。

重心稍後移，右腳尖翹起外撇，上體稍右轉；兩手準備翻轉「抱球」（圖12）。

上體繼續右轉；右手翻轉成手心向下，在右胸前屈抱；左手翻轉前擺，在腹前屈抱，兩手上下相對，猶如在右肋前抱球；重心前移，右腳踏實，左腳收至右腳內側，腳尖點地；眼看右手（圖13）。

上體左轉；左腳向左前方邁出一步，腳跟輕輕著地，重心仍在右腿上（圖14）。

上體繼續左轉；重心前移，左腳踏實，左腿屈膝前弓；右腿自然蹬伸，右腳跟外展，成左弓步；同時兩掌前後分開，左手分至體前，高與眼平，手心斜向上；右手按在右胯旁，手心向下，指尖向前；兩臂微屈；眼看左掌（圖15）。

【動作要點】

1. 左野馬分鬃

（1）轉體和抱手的動作是同時進行的。要在轉體的帶動下協調一致地完成。「抱球」是一個形象的比喻，兩臂之間猶如抱一個氣球，既要抱得住，又不使氣球觸及身體，故此兩臂的動作要鬆而不軟。右臂呈弧形，高與肩平；肩部放鬆，肘略低於肩，腕略低於手，五指微屈，自然分開；前臂與胸部之間的距離一般保持20～30公分。左臂的劃弧，除手掌走弧形外，還要伴隨著前臂的旋轉，定勢時左臂也要呈弧形。

（2）第五動中「左腳收到右腳內側，腳尖點地」，這時身體重心大部分應落在右腿上，左腿只起輔助支撐的作用。初學時可以這樣做，待動作熟練之後，左腳收向右腳內側時，腳尖不應點地。右野馬分鬃也同樣如此。這裏的「腳尖點地」，指的是前腳掌著地。

（3）假設起勢時面向南方，第一個「野馬分鬃」弓步要朝向東方。在上步時上體先轉至偏東，弓步時再轉向接近正東。在連貫練習時，兩個轉體應是連貫的，中間不可間斷。

（4）左腳上步時要腳跟先著地。太極拳的步法，均要求一腿屈膝支撐身體，穩定重心，另一腿輕靈地邁出，不可落腳沉重，身體重心過早轉移。弓步過程要由腰部旋轉、左腿屈弓和右腿後蹬三者協調配合，不可先蹬直右腿，再屈左膝，這樣會使腰胯緊張，重心起伏。

（5）太極拳的弓步，後腿自然蹬直即可，不能像長拳那樣挺勁繃直，以致腰胯不能鬆開。但也不可過於放鬆，使膝部出現較大的彎曲，顯得軟弱無力。另外，在右腿自然蹬直以後，右腳要全腳踏實，不允許出現腳外側離地(掀腳)和腳後跟離地(拔跟)的現象。弓步時前、後腿分擔體重的虛實比例是：前腿承擔 2/3，後腿承擔約 1/3。

（6）分手時左手手心斜向上，力點在前臂外側，向左斜上方「靠」出。此時左肩要鬆沉，肘部微屈。分到頂點時，要展掌、舒指，體現出由輕靈走向沉穩的氣勢。同時，右手要隨之向右下方分開，採至右胯旁。手心向下，指尖朝前，肘微屈。採到頂點時也要求展掌、舒指、坐腕、沉肩。

（7）眼神是太極拳的重要組成部分。本勢的眼神運用：由起勢眼看前方，轉為注視右手，再轉視左手。定勢時眼看左手。視線應有張有弛，合理調節。

（8）在完成姿勢的一瞬間，應有一點向四肢、頭頂膨脹貫力的意念，同時呼氣下沉。這樣可使完成姿勢更臻沉穩，虛實變化更為分明。但是，貫力的意念不宜過分，尤其不要故意兩臂繃緊，彎腿下沉。

2. 右野馬分鬃

（1）轉體翹腳時，身體重心平穩地稍向後移，與上體左轉協調並進。運轉過程中，上體要保持正直，重心移動的幅度至左腳可輕靈地轉動即可。

（2）兩手翻掌劃弧「抱球」時，兩手先略放鬆(由實變虛)，隨即再左掌內旋，右掌外旋劃弧，同時收攏後腳。

（3）收腳時，主要是由重心前移，以大腿的力量輕輕地把後腳提起，慢慢地屈膝向前，使後腳在前腳的內側落下。

（4）連續上步的步法，是本勢的教學重點。教學中，可將弓步和連續上步的步法專門提出來練習，以免連貫動作練習中出現顧手顧不了腳的問題。

（5）其它要點同左野馬分鬃。

【易犯錯誤】

1. 第一個野馬分鬃由於轉體不夠，左腳落地偏右，造成左弓步兩腳「扭麻花」的錯誤。後面兩個弓步容易出現橫向寬度不夠，形成「走鋼絲」的錯誤。

2. 弓步時前腳腳尖外撇。這主要是由於學生平時習慣外八字腳造成的。

3. 弓步時後腳跟沒有外展後蹬，造成野馬分鬃挺胸、側肩和開胯的錯誤。

4. 手指過於僵硬或鬆軟。

5. 動作過程中，上體俯仰歪斜，或低頭彎腰，眼睛死盯著手。

16

（三）白鶴亮翅

上體稍左轉；左腳向前跟半步，前腳掌輕輕落地，與左腳跟相距約一腳長；同時兩手翻轉相對，在胸前屈臂「抱球」。左手在上，手心向下，右手在下，手心向上；眼看左手（圖16）。

重心後移，右腳踏實；同
時上體後坐，並向右轉體；兩
手開始交錯分開，右手上舉，
左手落；眼看右手（圖17）。

上體轉正；左腳稍向前移
動，前腳掌著地，成左虛步；
同時右手向上分至右額前，掌
心向內，左手按在左腿旁；眼
平視前方（圖18、附圖）。

【動作要點】

1. 這一勢的動作不是太難，在學練中應把重點放在步型和步法上。本勢的步型是虛步，步法是跟步。虛步應做到規格正確，上體鬆正，兩腿虛實分明，重心穩定。跟步時，應先移動重心，輕輕提起右腳，向前跟進半步。落腳時與左腳距離約一腳長，重心慢慢後移，右腳逐漸踏實，右腿由虛變實，支撐大部體重，最後將左腳輕緩地前移，調整成左腳前腳掌著地的左虛步。整個過程要求步法輕靈，重心移動平穩，兩腿虛實轉換清楚。

2. 在做上述步法轉換時，應注意腰部的旋轉，保證全身動作協調完整。即右腳前跟時腰部微左轉，身體後坐時腰部微右轉，最後調整步型時身體再轉向正前方。眼神要與手的運動協調配合。跟步抱手時眼看左手；後坐轉體時，向右轉看右手；最後上體轉正，眼平視前方。

3. 隨著兩手右上左下分開，應注意頂頭豎脊，兩手分撐，鬆腰鬆胯，精神貫注，顯示出定勢時的沉著與穩定。

【易犯錯誤】

1. 虛步時出現上體後仰，挺髖挺腹；上體前俯，挺胸突臀；虛腿時膝部挺直，實腿時膝部裏裹；兩腳橫向距離過大或過小；兩腿虛實不明，體重落於兩腿之間等錯誤。

2. 兩手外撐不夠，肘部過於彎曲，造成夾腋折臂。

（四）左右摟膝拗步

上體稍左轉；右手擺至體前，手心轉向上；眼看右手（圖19）。

上體右轉；兩臂交叉擺動，右手自頭前下落，經右胯側向右後方上舉，與頭同高，手心向上；左手自左側上擺，經頭前向右劃弧落至右肩前，手心向下；左腳回收落在右腳內側，腳尖點地；頭隨身體轉動，眼看右手（圖20）。

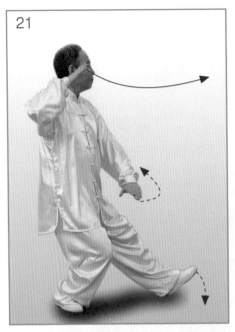

上體稍左轉；左腳向左前方邁出一步，腳跟輕輕落地；右臂屈肘，右手收至肩上頭側，虎口對耳，掌心斜向前；左手落在腹前；眼看前方（圖21）。

上體繼續左轉；重心前移，左腳踏實，左腿屈弓，右腿自然蹬直成左弓步；左手經左膝前向左摟過，按於左腿外側，掌心向下，指尖向前；右手向前推出，指尖與鼻尖相對，掌心向前，指尖向上，右臂自然伸直，肘微屈垂；眼看右手（圖23）。

重心稍後移，左腳尖翹起外撇，上體左轉；兩臂外旋，開始向左擺動；眼看右手（圖23）。

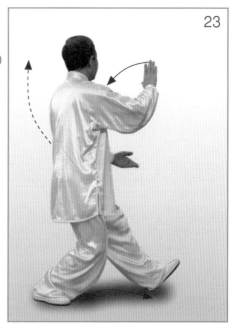

上體繼續左轉；重心前移，左腳踏實，右腳收至左腳內側，腳尖點地；右手經頭前劃弧擺至左肩前，掌心向下；左手向左上方劃弧上舉，與頭同高，掌心向上，左臂自然伸直，肘部微屈；頭轉看左手（圖24）。

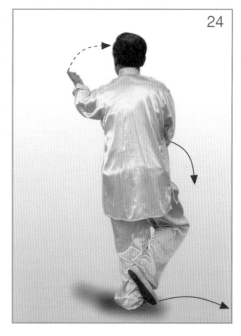

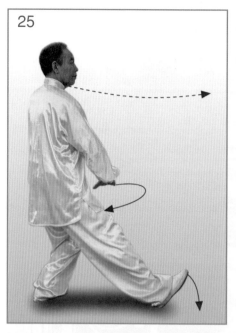

上體稍右轉；右腳向右前方邁出一步，腳跟輕輕落地；左臂屈肘，左手收至肩上頭側，虎口對耳，掌心斜向前；同時右手下落至腹前，手心向下，肘部微屈；頭轉看前方（圖25）。

上體繼續右轉；重心前移，右腳踏實，右腿屈弓，左腿自然蹬直成右弓步；右手經右膝前上方向右摟過，按於右腿外側，掌心向下，指尖向前；左手向前推出，指尖與鼻尖相對，掌心向前，指尖向上，左臂自然伸直，肘部微垂；眼看左手（圖26）。

重心稍後移，右腳尖翹起外撇，上體右轉；兩臂外旋，開始向右擺動；眼看左手（圖27）。

上體繼續右轉；重心前移，右腳踏實，左腳收至右腳內側，腳尖點地；左手劃弧，經頭前擺至右肩前，掌心向下；右手向右上方劃弧上舉，與頭同高，掌心向上，右臂自然伸直，肘部微屈；頭轉看右手（圖28）。

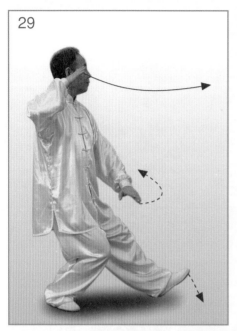

上體稍左轉；左腳向左前方邁出一步，腳跟輕輕落地；右臂屈肘，右手收至肩上頭側，虎口對耳，掌心斜向前；同時左手下落至腹前，掌心向下，肘部微屈；頭轉看前方（圖29）。

上體繼續左轉；重心前移，左腳踏實，左腿屈弓，右腿自然蹬伸成左弓步；左手經左膝前上方向左摟過，按於左腿外側，掌心向下，指尖向前；右手向前推出，指尖與鼻尖相對，掌心向前，指尖向上，右臂自然伸直，肘部微垂；眼看右手（圖30）。

【動作要點】

1. 摟膝拗步與野馬分鬃同為連續向前的三個弓步，所不同的是摟膝拗步是手腳左右異側的拗弓步。為了保證重心的穩定，兩腳的左右寬度一定要保持30公分左右，切忌兩腳踩在一條直線上或左右交叉，防止上體歪扭。

2. 在上步過程中，後腳收至支撐腳內側，腳尖點地，是為了照顧初學者支撐無力，重心掌握不穩而提出的。一旦動作熟練以後，教師應讓學生取消腳尖點地這個環節，使後腳經支撐腳內側時不停不落，連貫穩健地向前邁出。上步中的停頓只是對初學者教學中採用的過渡手段，控制能力強的學生，完全可以直接連續上步，這樣動作會更加完整。

3. 在做「摟膝拗步」時，前推、下摟的兩掌和弓腿應同時到位，教師應在教學中加以強化提示，使學生控制住弓腿和摟推掌的速度，做到動作上下合拍，同步行動。

【易犯錯誤】

1. 推掌過直過遠，摟手屈肘後拉，造成肩、臂緊張，上體前俯。

2. 擺臂時腰部不轉動，單純地掄擺兩臂，動作如木偶一樣生硬機械。

3. 弓步橫向寬度不夠，上體緊張歪扭，重心不穩。

4. 前推、下摟的兩掌和弓腿顧此失彼，快慢不一，互不協調，形成下摟的掌已摟完，前推的掌尚未啟動；或弓腿已達頂點，兩手仍在途中，令人看起來動作支離破碎，很不舒服。

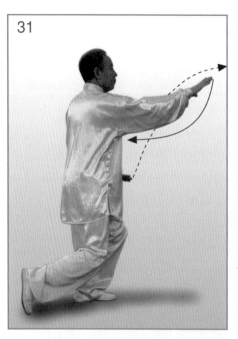

（五）手揮琵琶

　　右腳向前收攏半步，腳前掌輕落於左腳後，與左腳相距約一腳長；右臂稍向前伸展，腕關節放鬆（圖31）。

　　重心後移，右腳踏實，上體右轉；左手向左、向上劃弧擺至體前，手臂自然伸直，掌心斜向下；右手屈臂後引，收至胸前，掌心斜向下；眼轉看左手（圖32）。

上體稍向左回轉，左腳稍向前移，腳跟著地，成左虛步；兩臂外旋，屈肘合抱，兩手前後交錯，側掌合於體前。左手與鼻相對，掌心向右；右手與左肘相對，掌心向左，兩臂猶如抱琵琶的樣子；眼看左手（圖33）。

【動作要點】

1.本勢教學應注意身法與手法、步法的協調，防止動作生硬僵化。例如，在做後坐引手動作時，要讓學生體會以重心後坐和轉體來帶動兩臂的前擺和後引；在做兩臂的合手和虛步時，要以身體的向左回轉來協調上下肢動作。

2.定勢時，兩臂應半屈成弧，舒展圓滿。同時還要頂頭豎脊，鬆腰沉氣，屈腿落胯，充分體現出沉穩、挺拔、飽滿的氣勢。

【易犯錯誤】

1. 身法與手法不協調。常出現兩種傾向：一是轉體過大，動作散亂，上體忽側忽正，腰肢脫節；二是轉體過小，手法飄浮，動作呆板。

2. 定勢時兩臂沒有保持弧形，肘部過分彎曲，兩臂緊縮，夾肋夾腋，動作不展。

3. 虛步步型不正確，俯身突臀，或仰身挺腹。

（六）左右倒卷肱

上體稍右轉；兩手翻轉向上，右手隨轉體向下經腰側向後上方劃弧，右臂微屈，手與頭同高。左手翻轉停於體前；頭隨身體轉動，眼先看右手，再轉看左手（圖34）。

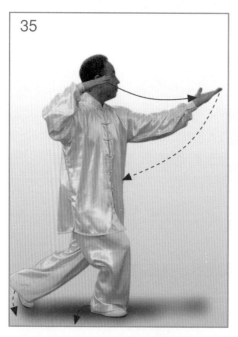

上體稍左轉；左腳提收向後退一步，腳前掌輕輕落地；右臂屈卷，右手收至肩上耳側，掌心斜向下方；左手開始後收；眼看左手（圖35）。

上體繼續左轉；重心後移，左腳踏實，右腳以腳掌為軸扭直，腳跟離地，右膝微屈成右虛步；右手推至體前，腕與肩同高，掌心向前；左手向後、向下劃弧，收至左腰側，手心向上；眼看右手（圖36）。

上體稍左轉；左手向左後上方劃弧，與頭同高，掌心向上，左臂微屈；右手翻轉停於體前；頭隨身體轉動，眼先看左手，再轉看右手（圖37）。

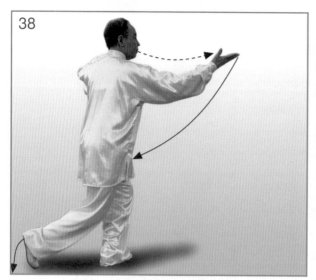

上體稍右轉；右腳提收向後退一步，腳前掌輕輕落地；左臂屈卷，左手收至肩上耳側，掌心斜向前下方；右手開始後收；眼看右手（圖38）。

上體繼續右轉；重心後移，右腳踏實，左腳以腳掌為軸扭直，腳跟離地，左膝微屈成左虛步；左手推至體前，腕與肩同高，掌心向前；右手向後、向下劃弧，收至右腰側；眼看左手（圖39）。

上體稍右轉；右手隨轉體向後上方劃弧，右臂微屈，手與頭同高，手心向上；左手翻轉停於體前；頭隨身體轉動；眼先看右手，再轉看左手（圖40）。

上體稍左轉；左腳提收向後退一步，腳前掌輕輕落地；右臂屈卷，右手收至右肩上耳側，掌心斜向下方；左手開始後收；眼看左手（圖41）。

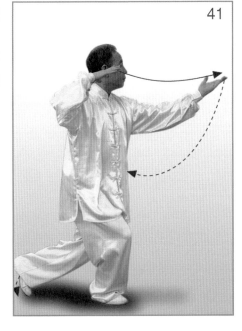

上體繼續左轉；重心後移，左腳踏實，右腳以腳掌為軸扭直，腳跟離地，右膝微屈成右虛步；右手推至體前，腕與肩同高，掌心向前；左手向後、向下劃弧，收至左腰側，手心向上；眼看右手（圖42）。

上體稍左轉；左手向左後上方劃弧，手與頭同高，掌心向上，左臂微屈；右手翻轉停於體前；頭隨身體轉動，眼先看左手，再轉看右手（圖43）。

上體稍右轉
；右腳提收向後
退一步，腳前掌
輕輕落地；左臂
屈卷，左手收至
肩上耳側，掌心
斜向前下方；右
手開始後收；眼
看右手（圖44）。

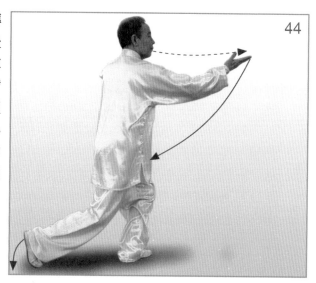

上體繼續右轉；重心後
移，右腳踏實，左腳以腳掌為
軸扭直，腳跟離地，左腿微屈
成左虛步；左手推至體前，腕
與肩同高，掌心向前；右手向
後、向下劃弧，收至右腰側；
眼看左手（圖45）。

【動作要點】

1.本勢的步法是在虛步基礎上的連續退步。教學中要抓住「重心平穩」、「點起點落」、「輕起輕落」的要點。「重心穩」是指提腿時身體重心不要升高，落步時重心不要降低，身體不要在退步中出現明顯的起伏現象 。「點起點落」、「輕起輕落」是指動作輕靈柔和，由點及面。提腳時先提腳跟，落腳時先落腳掌（向前上步先落腳跟），不可平起平落，提腳防止猛蹬急收，落腳避免沉重「砸夯」。

2. 卷肱動作應重點強調屈肘折臂，避免屈指卷腕，不要讓學生把卷肱做成卷腕花。當推掌到頂點時，要有意識地坐腕、展掌、舒指，體現由虛到實的勁力變化。

3.撤手時手要走弧線，不要直抽到胸前。另外，兩掌的推撤要協調配合，在體前有一個兩掌交錯的過程，不要距離太遠。

4.本勢的眼神，應隨著轉體先向側看，再轉看前手

【易犯錯誤】

1.學生分不清哪裏是定勢，所以造成動作配合混亂。定勢應是「倒卷肱」的第三動即「虛步推掌」的完成姿勢。這時，眼睛注視前手，上體舒展伸拔，然後轉接下一個動作。有些學生常常推掌後，頭轉看後方，手眼脫節。教師應在教學中注意糾正。

2. 退步時落腳過於偏內，形成上體歪扭，兩腳「擰麻花」的錯誤。

3. 退步時重心控制不穩，體重過早後坐，造成落腳沉重，腳快手慢，上下不協調的錯誤。

（七）左攬雀尾

上體微右轉；右手由腰側向右上方劃弧，右臂微屈，手與肩同高，掌心斜向上；左手在體前放鬆，手心向下；頭隨身體轉動，眼向右平視（圖46）。

右手屈臂抱於右胸前，掌心翻轉向下；左手劃弧下落，屈抱於腹前，掌心轉向上，兩手上下相對如「抱球」狀；左腳收至右腳內側，腳尖點地；眼看右手（圖47）。

上體微左轉，左腳向左前
方邁出一步，腳跟輕輕落地；
眼看前方（圖48）。

上體繼續左
轉；重心前移，左
腳踏實，左腿屈膝
前弓，右腿自然蹬
直，成左弓步；兩
手前後分開，左臂
半屈向體前掤，腕
與肩同高，掌心向
內；右手向下劃弧
按於右胯旁，掌心
向下，五指向前；
眼看左手
（圖49）。

上體稍左轉；
左手向左前方伸
出，掌心轉向下；
同時右臂外旋，右
手經腹前向上、向
前伸至左前臂內
側，掌心向上；眼
看左手（圖50）。

上體右轉；兩
手同時向下經腹前
向右後方劃弧後
捋，右手舉於身體
側後方，與頭同
高，掌心向外；左
臂平屈於胸前，掌
心向內；重心後
移，身體後坐，右
腿屈膝，左腿自然
伸直；眼看右手
（圖51）。

上體左轉，正對前方；右臂屈肘，右手收至胸前，搭於左腕內側，掌心向前；左前臂仍屈收於胸前，掌心向內，指尖向右；眼看前方（圖52）。

重心前移，左腿屈弓，右腿自然蹬直成左弓步；右手推送左前臂向體前擠出，與肩同高，兩臂撐圓；眼看前方（圖53）。

重心後移，上體後坐，右腿屈膝，左腿自然伸直，左腳尖翹起；左手翻轉向下；右手經左腕上方向前伸出，掌心也轉向下。兩手左右分開與肩同寬，兩臂屈收，兩手後引，經胸前收到腹前，手心斜向下；眼向前平視（圖54）。

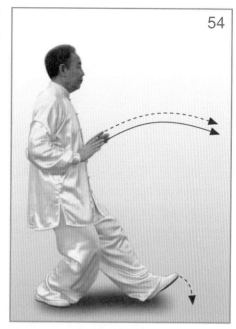

重心前移，左腳踏實，左腿屈弓，右腿自然蹬直成左弓步；兩手沿弧線推按至體前，兩腕與肩同高、同寬，兩掌心向前，指尖向上；眼看前方（圖55）。

【動作要點】

1. 攬雀尾的教學應重視上下肢的配合。掤、擠、按時要與弓腿協調一致；捋手和引手要與屈腿後坐一致。前弓和後坐時，重心移動要充分，要讓學生注意保持上體鬆正舒展。弓腿時要頂頭、沉肩、豎脊、展背；坐腿時要鬆腰、斂臀、屈膝、落胯。

2.攬雀尾包括掤、捋、擠、按四個分勢。每個分勢完成時，肢體要膨展，勁力要貫注，動作要沉穩，要體現出動作由虛到實的變化。然而，太極拳的特點是綿綿不斷，前一個勢子的完成恰好是後一個勢子的開始，所以拳勢之間既要有虛實轉換，又不可間斷，做到勢變勁不斷，勁變意不斷。

3. 本勢的步型是順弓步，兩腳間的橫向距離以不超過10公分為宜。第二動抱手收腳後，應逐漸做到提收，腳尖不點地。

4. 做「掤勢」時，轉體分手和屈膝弓腿要同時到位。「捋勢」時，兩臂的後捋要與腰部旋轉協調一致。捋勢完成時，兩手向側後方約斜向45度。同時保持上體端正，下肢穩固。「後坐引手」時，左腳尖翹起，左腿膝部不要挺直，上體勿挺腹後仰。同時，兩手保持與肩同寬，收至胸前，手心斜向下，兩肘微向外開。弓步前按時，兩手要沿弧線向上、向前推按。

【易犯錯誤】

1. 做「掤勢」和「擠勢」時，兩臂不鬆展，出現緊張夾腋或鬆軟無力的錯誤。

2. 前弓和後坐過程中，後腳腳跟隨意扭動，全腳不能踏實地面。

3. 前按時兩手向兩側分開劃弧，或兩掌自下劃弧上挑。

4. 手腳配合不協調，腿快手慢或手快腿慢。

（八）右攬雀尾

重心後移，上體右轉，左腳尖內扣；右手經頭前劃弧右擺，掌心向外，兩手平舉於身體兩側；頭及目光隨右手移轉（圖56）。

左腿屈膝，重心左移，右腳收至左腳內側，腳尖點地；左手屈抱於左胸前，手心向下；右手屈抱於腹前，手心向上，兩手上下相對，在左肋前「抱球」；眼看左手（圖57）。

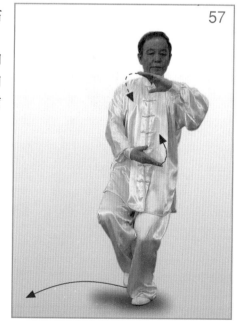

上體微右轉，右腳向右前方邁出一步，腳跟輕輕落地；眼看前方（圖58）。

上體繼續右轉，重心前移，右腳踏實，右腿屈膝前弓，左腿自然蹬直，成左弓步；兩手前後分開。右臂半屈向體前掤，腕與肩同高，掌心向內；左手向下劃弧按於左胯旁，手心向下，指尖向前；眼看右手（圖59）。

上體稍右轉；
右手向右前方伸
出，掌心轉向下。
同時左臂外旋，左
手經腹前向上、向
前伸至右前臂內
側，掌心向上；眼
看右手（圖60）。

上體左轉；兩手同時向下
經腹前向左後方劃弧後捋，左
手舉於身體側後方，與頭同
高，掌心向外。右臂平屈於胸
前，掌心向內；重心後移，身
體後坐，左腿屈膝，右腿自然
伸直；眼看左手（圖61）。

上體右轉，正對前方；左臂屈收，左手收至胸前，搭於右腕內側，掌心向前，右前臂仍屈於胸前，掌心向內，指尖向左；眼看前方（圖62）。

重心前移，右腿屈弓，左腿自然蹬伸成右弓步；左手推送右前臂向體前擠出，與肩同高，兩臂撐圓；眼看前方（圖63）。

重心後移，上體後坐，左腿屈膝，右腿自然伸直，右腳尖翹起；右手翻轉向下，左手經右腕上方向前伸出，掌心也轉向下。兩手左右分開與肩同寬，兩臂屈收，兩手後引，經胸前收到腹前，手心斜向下；眼向前平視（圖64）。

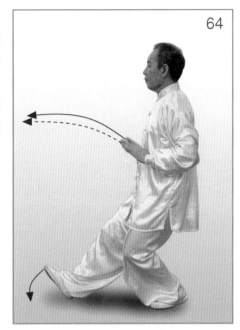

重心前移，右腿踏實，右腿屈弓，左腿自然蹬直成右弓步；兩手沿弧線推按至體前，兩腕與肩同高、同寬，兩掌心向前，指尖向上；眼看前方（圖65）。

【動作要點】

1. 隨身體右轉，右手水平向右劃弧，兩手分開不超過120度。此時左手不要隨之向右擺動。

2. 身體右轉時，左右腿屈膝後坐，重心不可升高。同時左腳尖內扣，扣的角度以大於90度為宜。

3. 其餘要點與「左攬雀尾」相同。

【易犯錯誤】

1. 身體右轉時，左腳尖內扣角度不夠，影響右腳出腳方向不正，上體緊張歪扭。

2. 其餘錯誤同「左攬雀尾」。

66

（九）單 鞭

重心左移，上體左轉，右腳尖內扣；兩臂交叉運轉，左手經頭前向左劃弧至身體左側，掌心向外；右手經腹前向左劃弧至左肋前，掌心轉向上；視線隨左手運轉（圖66）。

上體右轉，重心右移，右
腿屈膝，左腳收至右腳內側，
腳尖點地；右手向上向右劃
弧，掌心向內，經頭前至身體
右前方變成勾手，勾尖向下，
腕高與肩平；左手向下、向右
劃弧，經腹前至右肩前，掌心
轉向內；視線隨右手移轉，最
後看勾手（圖67、圖68）。

上體稍左轉；左腳向左前
方邁出一步，腳跟落地；左手
經面前向左劃弧，掌心向內；
眼看左手（圖69）。

上體繼續左
轉，重心前移，左
腳踏實，左腿屈
弓，右腿自然蹬
直，腳跟外展，成
斜向左前方的弓
步；左手經面前翻
轉向前推出，腕與
肩同高，左肘與左
膝上下相對；眼看
左手（圖70）。

【動作要點】

1. 單鞭的弓步應斜向左前方，以不超過30度為宜。兩腳的左右寬度約10公分。前臂、前腿的方向應一致。勾手時右臂伸舉方向為斜後方45度。

2. 身體左右轉動時，重心移動要充分，兩腿虛實要分明。

3. 推掌時，隨著上體左轉，左腿前弓，左手一邊翻掌一邊向前推出，到達頂點時，配合鬆腰、鬆胯、沉氣，同時沉腕、展掌、舒指。

4. 動作熟練後，應做到收腳後腳尖不點地，有基礎的學員也可在開始時直接提收，不經過點地過程。

【易犯錯誤】

1. 勾手時腕部故意繞轉，形成「腕花」；五指先後不一，不同時捏攏；腕關節僵直，勾尖向後。

2. 定勢時，右腳跟蹬轉不夠，造成弓步開襠展胯，上體側傾。

3. 定勢時還易出現挺胸塌腰或身體前俯的錯誤。

（十）雲 手

重心後移，上體右轉，左腳尖內扣，右腿彎曲；左手向右劃弧，經腹前至右肩前，掌心向內。右勾手鬆開變掌，掌心向外；眼看右手（圖71）。

　　上體左轉，重心左移；右腳向左腳併攏，腳前掌先著地，隨之全腳踏實，兩腿屈膝半蹲，兩腳平行，腳尖向前，兩腳相距約10公分；左手經頭前向左劃弧雲轉，掌心漸漸翻轉向外。右手向下經腹前同時向左劃弧雲轉，掌心漸漸翻轉向內；左掌停於身體左側，高與肩平，右手停於左肩前；視線隨左手轉移（圖72、圖73）。

上體右轉，重心右移；左
腳向左橫開一步，腳前掌先著
地，隨之全腳踏實，腳尖向
前；右手經頭前向右劃弧雲
轉，掌心逐漸翻轉向外；左手
向下經腹前同時向右劃弧雲
轉，掌心逐漸翻轉向內。右掌
停於身體右側，高與肩平，左
掌停於右肩前；視線隨右手轉
移（圖74、圖75）。

上體左轉，重心左移；左腳向右腳併攏，腳前掌先著地，隨之全腳踏實，兩腿屈膝半蹲，兩腳平行，腳尖向前，兩腳相距約10公分；左手經頭前向左劃弧雲轉，掌心漸漸翻轉向外；右手向下經腹前同時向左劃弧雲轉，掌心漸漸翻轉向內。左掌停於身體左側，高與肩平，右掌停於左肩前；視線隨左手轉移（圖76、圖77）。

上體右轉，重心右移；左腳向左橫開一步，腳前掌先著地，隨之全腳踏實，腳尖向前；右手經頭前向右劃弧雲轉，掌心漸漸翻轉向外；左手向下經腹前同時向右劃弧雲轉，掌心漸漸翻轉向內。右掌停於身體右側，高與肩平，左掌停於右肩前；視線隨右手轉移（圖78、圖79）。

　　上體左轉，重心左移；右腳向左腳併攏，腳前掌先著地，隨之全腳踏實，兩腿屈膝半蹲，兩腳平行，腳尖向前，兩腳相距約10公分；左手經頭前向左劃弧雲轉，掌心漸漸翻轉向外；右手向下經腹前同時向左劃弧雲轉，掌心漸漸翻轉向內。左掌停於身體左側，高與肩平，右掌停於左肩前；視線隨左手轉移（圖80、圖81）。

【動作要點】

1. 此勢的教學重點是讓學生做到以腰為軸，轉腰帶手，身手合一。兩手的左右擺動不是孤立的，要與重心的移動、腰的旋轉和側行步法協調完成。兩臂的旋轉和腳步的移動要輕柔漸進，配合恰到好處。

2. 本勢的步型為小開步。小開步的要求是兩腳平行向前，相距10～20公分。

3. 雲手的步法是側行步，做側行步時要注意以下四點：

第一，要掌握「點起點落」、「輕起輕落」的步法規律。在側行中，兩腳由點及面提落踏實，輪換支撐體重。重心移動要充分，兩腿虛實要分明。左腳輕靈地提起向左分開，右腳輕靈地向左腳併攏。

第二，步幅要適度。側行步的步幅是以一腿屈膝支撐體重，另一腿自然伸直橫向邁出一步。

第三，移步時上體不可俯仰歪斜或擺晃。

第四，身體不可起伏。重心應平穩、均勻地運動，始終保持拳架的同一高度。

4. 雲手手法是兩手交錯向左或向右劃立圓，同時伴隨旋臂翻掌。手臂經過面前劃圓時應半屈成弧，距頭不要過近。向下劃圓時，肘微屈，臂自然伸直。

【易犯錯誤】

1. 側行步出現「八字腳」或兩腳靠攏的錯誤。

2. 眼神隨劃弧的上手移動時，沒有張弛的變化，始終緊張、死板地盯著手掌。

3. 兩臂的運動不是在腰脊的帶動下運轉，造成腰不旋轉，單純兩臂掄擺的錯誤。

4. 下肢的動作與手臂的動作沒有協調配合，造成上下脫節，扭擺腰胯。

82

83

（十一）單　鞭

　　上體右轉，重心移向右腿，左腳跟提起；右手經頭前向右劃弧，至右前方掌心翻轉變勾手；左手向下經腹前向右劃弧雲轉至右肩前，掌心轉向內；眼看勾手（圖82、圖83）。

　24式太極拳

上體稍左轉；左腳向左前
方上步，腳跟落地；左手經面
前向左劃弧，掌心向內；眼看
左手（圖84）。

上體繼續左
轉；重心前移，左
腳踏實，左腿屈
弓，右腿自然蹬
直，腳跟外展，成
斜向左前方的弓
步；右手經面前翻
轉向前推出，腕與
肩平，左肘與左膝
上下相對；眼看左
手（圖85）。

（十二）高探馬

　　後腳向前收攏半步，腳前掌著地，距前腳約一腳長；眼看左手（圖86）。

　　上體稍右轉；重心後移，右腳踏實，右腿屈坐，左腳跟提起；右勾手鬆開，兩手翻轉向上，兩臂前後平舉，肘關節微屈；眼看右手（圖87）。

上體左轉，右肩前送；右手屈收，經頭側再向前推出，腕與肩同高，手心向前；左臂屈收，左手收至腹前，掌心向上；眼看右手（圖88）。

【動作要點】

虛步推掌應在轉腰順肩的配合下完成。身體保持中正、舒展，動作協調一致。

【易犯錯誤】

1. 身體後坐時，過分轉頭看後方的右手，造成歪頭扭頸。

2. 定勢時兩腿伸直，重心升高。

3. 右臂過於靠緊身體，夾肋緊腋。

（十三）右蹬腳

左腳提收至右踝內側；右手稍向後收，左手經右手背上向右前方穿出，兩手交叉，腕關節相交，左掌心斜向上，右掌心斜向下；眼看左手（圖89）。

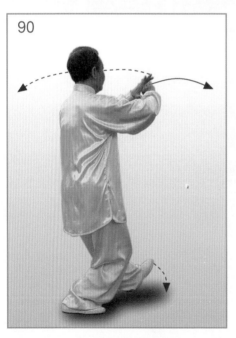

上體左轉；左腳向左前方邁出，腳跟著地；左手內旋，兩手合舉於頭前，手心皆向外；眼看左手（圖90）。

重心前移，左腳踏實，左腿屈弓，右腿自然蹬直；兩手同時向左右分開，掌心向前，虎口相對，兩臂外撐；眼看右手（圖91）。

右腳收至左腳內側，腳尖點地；兩手向腹前劃弧相交合抱，舉至胸前，右手在外，兩掌心皆向內；眼看右前方（圖92）。

左腿支撐，右腿屈膝上提，右腳腳尖上勾，腳跟用力慢慢向右前上方蹬出。左腿微屈，右腿伸直；兩手手心向外撐開，兩臂展於身體兩側，肘關節微屈，兩腕與肩平。右腿與右臂上下相對，方向為右前方約30度；眼看右手（圖93）。

【動作要點】

1. 蹬腳的動作要求具有較高的腿部力量和支撐平衡能力。在教學時，應重點抓住「穩」和「協調」兩個關鍵。要做到「穩」，首先收腳時要穩定重心，初學者利用腳尖點地，調整重心，逐步做到收腳不落地也能控制好重心。提膝、蹬腳的動作要勻速緩慢，不可突然加速，以免失去平衡。同時還要注意加強基本功的操練，提高樁步的穩固性和韌帶柔韌性。要做到「協調」應抓住六個一致，即：穿掌與收腳一致；上步與翻手一致；弓腿與分手一致；收腳與抱手一致；提膝與舉抱一致；蹬腳與分手撐臂一致。在做動作中，抓住了這六個一致，整個動作就會協調。

2. 本勢手臂的動作較為複雜。在「穿掌——分手——合抱——撐開」的整個過程中，雙手兩次交叉和分開，在教學中應將劃弧的路線、前臂的旋轉等細節交代清楚。第一動的穿掌應隨著轉體先微向右再向左上步，左手經右手背向

前上方伸穿。兩手手背相對，兩腕交叉，與肩同高，兩肘微屈；第二、三動的分手與抱手，是一個完整的兩臂回環過程。分手時，兩手邊內旋翻掌，邊經面前向左右劃弧分開。隨之兩手不停頓地一邊外旋翻掌，一邊向下經腹前交叉合抱舉於胸前；第四動分手外撐動作，兩手右前、左後地分開劃弧，舉手不要超過頭的高度。兩肘保持微屈。這時重心上升，支撐腿自然伸直。本勢「穿、分、抱、撐」的掌法變化，在教學中可單獨抽出來練習，學生較容易掌握。

3. 此勢的眼神處理應是：第一動眼看左手；第二動眼看右手；第三動眼看右前方的蹬腳方向；第四動眼看右手。

4. 定勢時頂頭立腰，蹬腳高於水平，重心保持穩定。初學者一時做不到，不必勉強。教師應因人而異，循序漸進地提出要求。

【易犯錯誤】

初學者在做此勢時容易出現的錯誤較多。

1. 單腿支撐不穩。

2. 上體後仰或前傾。

3. 撐開的兩臂一高一低。

4. 獨立的左腿過於彎曲。

5. 右臂和右腿上下不相對應。

6. 肩部緊張上聳，胸部緊張憋氣。

7. 彎腰低頭。

上述錯誤的主要原因是全身緊張，勉強用力，身體素質達不到要求造成的，教師應根據具體情況，區別對待，加以糾正和幫助。

（十四）雙峰貫耳

右腿屈膝回收，腳尖自然
下垂；左手經頭側向體前劃
弧，與右手並行落於右膝上
方，掌心皆向上，指尖向前；
眼看前方（圖94）。

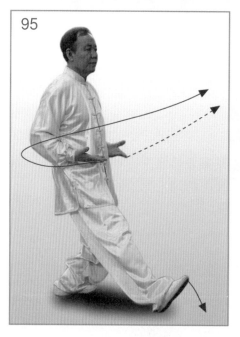

右腿向右前方上步，腳跟
落地，腳尖斜向右前方約30
度；兩手收至兩腰側，掌心向
上（圖95）。

重心前移，右腿踏實，右腿屈弓，左腿自然蹬直，成右弓步；兩手握拳從兩側向上、向前劃弧擺至頭前。兩臂半屈成弧，兩拳相對成鉗形，相距同頭寬，前臂內旋，拳眼斜向下；眼看前方（圖96）。

【動作要點】

1. 定勢方向應與右蹬腳的方向一致。

2. 落腳前支撐的左腿先屈蹲，降低重心，然後右腳再向前上步落地。

3. 貫拳時力點在拳面，兩拳眼斜向下，立身中正，沉肩墜肘。

【易犯錯誤】

1. 貫拳時兩臂平直，拳眼相對。

2. 定勢時聳肩縮脖，低頭拱背，俯身突臀。

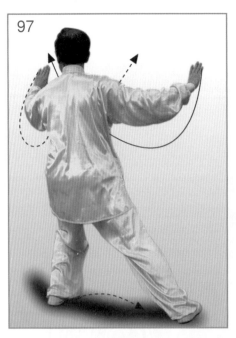

97

（十五）轉身左蹬腳

重心後移，上體左轉，左腿屈坐，右腳尖內扣；兩拳鬆開，左手經頭前向左劃弧，兩臂微屈舉於身體兩側，掌心向外；眼看左手（圖97）。

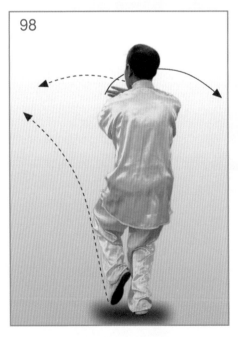

98

重心右移，右腿屈膝後坐，左腳收至右腳內側，腳尖點地；兩手向下劃弧，於腹前交叉合抱，舉至胸前，左手在外，兩手心皆向內；眼看前方（圖98）。

右腿支撐，左腿屈膝高提，左腳腳尖上勾，腳跟用力向左前上方慢慢蹬出；兩臂內旋，兩掌心轉向外，左前右後劃弧分開，兩臂微屈舉於身體兩側；左腿蹬直，與左臂上下相對；眼看左手（圖99）。

【動作要點】

1. 轉體分手時，右腳盡量內扣，重心移動要充分，兩手同時向兩側劃弧分開。

2.左蹬腳與右蹬腳的方向相反，與中軸線保持約30度的斜向。

【易犯錯誤】

轉身時低頭彎腰，身體前俯。

（十六）左下勢獨立

　　左腿屈收，左腳下垂收於右小腿內側；上體右轉；右臂稍內合，右手變勾手。左手經頭前劃弧擺至右肩前，掌心向右，指尖向上；眼看右勾手（圖100）。

　　右腿屈膝半蹲，左腳腳前掌落地，沿地面向左側伸出，隨即全腳踏實，左腿伸直；左手落於右肋側；眼看勾手（圖101）。

右腿屈膝全蹲，上體左轉成左仆步；左手經腹前沿左腿內側向左穿出，掌心向外，指尖向左；眼看左手（圖102）。

重心移向左腿；左腳尖外撇，左腿屈膝前弓；右腳尖內扣，右腿自然蹬伸。重心恢復至弓步高度；左手繼續前穿並向上挑起；右勾手內旋，背於身後，勾尖朝上；眼看左手（圖103）。

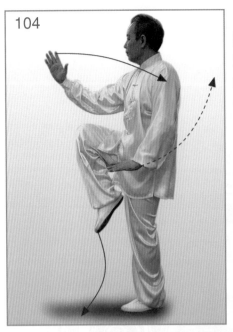

上體左轉，重心前移；右腿屈膝前提，腳尖自然下垂，左腿微屈獨立支撐，成左獨立步；左手下落按於左胯旁；右勾手變掌，經體側向前挑起，掌心向左，指尖向上，高與眼平；右臂半屈成弧，肘關節與右膝上下相對；眼看右手（圖104）。

【動作要點】

1. 教學中應抓住兩個重點：一是仆步步型要正確。二是重心升降和移動要平穩連貫。為了使仆步轉獨立步時身體平穩過渡，仆步的兩腳前後應保持一腳長的距離，以仆出腿的腳尖和下蹲腿的腳跟置於中軸線上為宜。重心由仆步轉向前弓腿時，兩腳要注意盡量外撇和內扣，這樣便可輕鬆地完成提腿獨立。

2. 仆步前要先把左腳收靠在右小腿內側。初學時可以收腳點地，穩定重心，逐漸過渡為腳不著地。此時視線隨左手右移，轉看右勾手。勾手的方向是側後方約45度。

3. 左腳仆出時應沿地面向左伸出。仆步完成時右腿全蹲，左腿伸直，兩腳全腳掌踏實地面。

4. 向左穿掌時，左臂先屈後伸，上體微向前傾，以助其勢。

5. 定勢時，右臂要舒展撐圓，左手向下沉按，左臂微屈。獨立腿微屈站穩，前提腿大腿高於水平。上體保持正直、舒展。

【易犯錯誤】

1. 屈蹲開步時眼看左側，轉頭過早，上體傾斜。

2. 仆步時左腳掌外側「掀腳」，右腳跟離地「拔跟」。

3.由仆步轉弓腿時，右腳不是腳尖內扣，而是後蹬腳跟，致使兩腿距離過大，屈膝提腿困難。或是左腳沒有充分外撇，造成獨立支撐不穩，上體緊張歪扭。

4.仆步時右腿屈蹲不到位，出現彎腰、抬臀、低頭等錯誤。

（十七）右下勢獨立

右腳落於左腳右前方，腳前掌著地；上體左轉，左腳以腳掌為軸隨之扭轉；左手變勾手提舉於身體左側，高與肩平；右手經頭前劃弧擺至左肩前，掌心向左；眼看左手（圖105）。

右腳提收至左小腿內側，然後以腳前掌落地，沿地面向右伸出，隨即右腿伸直，右腳全腳踏實；右手落至左肋側；眼看勾手（圖106）。

左腿屈膝全
蹲，上體右轉成右
仆步；右手經腹前
沿右腿內側向右穿
出，掌心向外，指
尖向右；眼看右手
（圖107）。

重心移向右腿
；右腳尖外撇，右
腿屈膝前弓。左腳
尖內扣，左腿自然
蹬直，重心恢復至
弓步高度；右手繼
續前穿並向上挑起
；左勾手內旋，背
於身後，勾尖向上
；眼看右手（圖108
）。

上體右轉，重心前移；左腿屈膝前提，腳尖向下，右腿微屈獨立支撐，成右獨立步；右手下落按於右胯旁，左勾手變掌，經體側向體前挑起，掌心向右，指尖向上，高與眼平；左臂半屈成弧，肘關節與左膝相對；眼看左手（圖109）。

【動作要點】

1. 第一動右腳應落在左腳右前方約20公分處，這樣當左腳跟內轉之後，右腳的位置恰在左腳弓內側。

2. 向左轉身時，身體重心應始終落在左腿上。

3. 右腿仆出時應先提起右腳再伸出，不要直接擦地而出。

【易犯錯誤】

1.第一動落腳後重心移向右腿，造成以右腿為軸轉身，轉後重心再移向左腿。

2.右手向下劃弧，經腹前擺至左肩前。

（十八）左右穿梭

　　左腳向左前方落步，腳跟著地，腳尖外撇，上體左轉；左手內旋，手心翻轉向下；眼看左手（圖110）。

　　上體左轉；右腳收於左踝內側；兩手在左肋前上下相抱，左手心向下，右手翻轉向上；眼看左手（圖111）。

上體右轉；右腳向右前方上步，腳跟著地；右手由下向前上方劃弧；左手由上向後下方劃弧，兩手交錯；眼看右手（圖112）。

上體繼續右轉；重心前移，右腳踏實，右腿屈膝前弓，成右弓步；右手翻轉上舉，架於右額角前上方，掌心斜向上。左手推至體前，高與鼻平；眼看左手（圖113）。

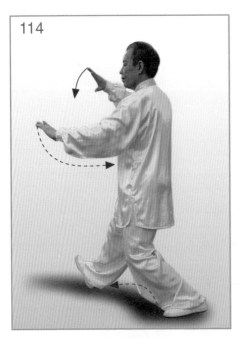

重心稍後移，右腳尖稍外撇，上體右轉；右手下落於頭前，右手稍向左劃弧，落至腹前，準備「抱球」；眼看右手（圖114）。

兩手在右肋前上下相抱；左腳收至右腳內側；眼看右手（圖115）。

上體左轉；左腳向左前方上步，腳跟著地；左手由下向前上方劃弧，右手由上向後下方劃弧，兩手交錯；眼看左手（圖116）。

上體繼續左轉；重心前移，左腳踏實，左腿屈膝前弓，成左弓步；左手翻轉上舉，架於右額角前上方；右手推至體前，高與鼻平；眼看右手（圖117）。

【動作要點】

　　1. 左右穿梭均是拗步推掌，弓步方向和推掌方向一致，與中軸線約成30度斜角。兩腳的橫向寬度保持30公分左右，兩腳不可過窄，以利重心穩定，上體鬆正。

　　2. 本勢的手法是一手上架，一手前推。上架手翻掌舉於額前上方，力點在前臂。前推手先收到肋前或腰間蓄勁，而後隨轉腰順肩向前推出。

【易犯錯誤】

　　1. 架掌時聳肩抬肘，上體歪扭。

　　2. 定勢時，推掌方向與弓步方向不一致。

　　3. 右腳尖外撇過大，造成左腳上步困難。

（十九）海底針

上體稍右轉；右腳向前收攏半步，腳前掌落地，距前腳約一腳長；眼看前方（圖118）。

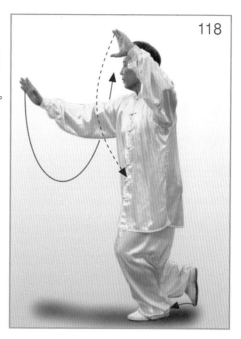

上體右轉；重心後移，右腿屈坐，左腳跟提起；右手下落經體側屈臂抽提至耳旁，掌心向左，指尖向前；左手向右劃弧下落至腹前，掌心向下，指尖斜向右；眼看前方（圖119）。

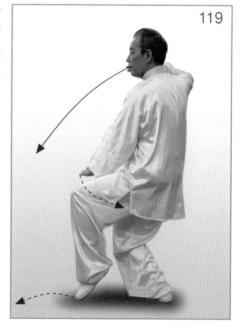

上體左轉，向前俯身；右手從耳側向前下方斜插，掌心向左，指尖斜向下；左手經左膝前劃弧摟過，按至大腿外側；左腳稍前移，腳前掌著地成左虛步；眼看右手（圖120）。

【動作要點】

1.虛步插手時上體要舒展伸拔，上體前傾角度不超過45度。

2.兩手的動作路線是：右手隨轉體在體側劃一個立圓；左手隨轉體下落，經體前劃平弧按於左胯旁。插掌時力點放在指尖。

3.跟步後，右腳隨轉體後坐，以前腳掌為軸內轉腳跟。定勢時虛步前腳正向前方，右腳外撇約45度。

【易犯錯誤】

1.右手插掌易做成「前劈」或「下砍」的動作。

2.腰肢脫節，動作散亂，沒有用腰部的轉動來帶動和協調全身的動作。

3.定勢時出現低頭、彎腰、兩腿虛實不清等錯誤。

（二十）閃通臂

上體恢復正直，右腿屈膝支撐，左腳回收，以腳尖點地落至右腳內側，右手上提至身前，指尖朝前，掌心向左；左手屈臂收舉，指尖貼近右腕內側；眼看前方（圖121）。

左腳向前上步，腳跟著地；兩手內旋分開，手心皆向前；眼看前方（圖122）。

上體右轉；重心前轉成左弓步；左手推至體前，與鼻尖對齊；右手撐於頭側上方，掌心斜向上，兩手前後分展；眼看左手（圖123）。

【動作要點】

1. 上下肢的配合應協調一致，同時到位。

2. 閃通臂是順弓步，兩腳左右不宜過寬，前臂、前腿要上下相對。弓步與推掌方向皆為正前方。

【易犯錯誤】

1. 架掌時聳肩抬肘。

2. 定勢時扭胯側身，做成側弓步。

3. 腳快手慢，上下動作不合拍。

（二十一）

轉身搬攔捶

重心後移，右腿屈坐，左腳尖內扣，身體右轉；兩手向右側擺動，右手擺至身體右側，左手擺至頭側，兩掌心均向外；眼看右手（圖124）。

重心左移，左腿屈坐，右腳以腳掌為軸扭直；右手握拳向下、向左劃弧收於左肋前，拳心向下；左手撐舉於左額前上方；眼向右平視（圖125、圖125附圖）。

125 附圖

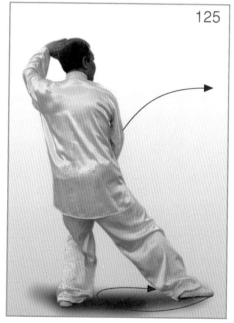

125

右腳提收至左腳踝關節內側，再向前邁出，腳跟著地，腳尖外撇；右拳經胸前向前搬壓，拳心向上，高與胸平，肘部微屈；左手經右前臂外側下落，按於左胯旁；眼看右拳（圖126）。

上體右轉，重心前移，左腳收於右腳內側；右臂內旋，右拳向右劃弧至體側，拳心向下，右臂半屈。左臂外旋，左手經左側向體前劃弧；眼平視右拳（圖127）。

左腳向前上步，腳跟著
地；左掌攔至體前，高與肩
平，掌心向右，指尖斜向上；
右拳翻轉收至腰間，拳心向
上；眼看左掌（圖128）。

上體左轉；重
心前移，左腿屈
弓，左腳踏實，右
腿自然蹬直，成左
弓步；右拳自胸前
打出，肘微屈，拳
心轉向左，拳眼向
上；左手微收，掌
指附於右前臂內
側，掌心向右；眼
看右拳（圖129）。

【動作要點】

1. 此勢包含有搬拳、攔掌和打拳三個手法，在教學中須將三個手法的規格及用法向學生講明，以便正確掌握動作要領。

2. 搬攔捶的轉身動作要做到虛實清楚，轉換輕靈，重心平穩。轉換中要注意重心的移動，腳的扣轉，腿的屈伸，切不可重心起伏，上體搖擺。

【易犯錯誤】

1. 攔掌、收拳時兩臂劃弧過大，與轉腰配合不協調。

2. 轉身時右腿不屈坐，出現挺髖、重心升高及上體歪斜等錯誤。

130

（二十二）

如封似閉

左手翻轉向上，從右前臂下向前穿出；同時右拳變掌，也翻轉向上，兩手交叉伸舉於體前；眼看前方（圖130）。

重心後移，右腿屈坐，左腳尖翹起；兩臂屈收，兩手邊分邊內旋後引，分至與肩同寬，收至胸前，掌心斜向下；眼看前方（圖131）。

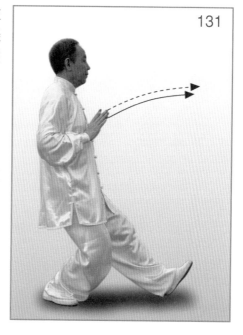

重心前移，左腿屈弓，左腳踏實，右腿自然蹬直成左弓步；兩手翻轉，經腹前向上、向前推出，與肩同寬，腕高與肩平，掌心向前，五指向上；眼看前方（圖132）。

【動作要點】

1. 後坐引手時，兩手要屈肘旋臂後引，不可前臂上卷，兩肘夾肋。

2. 按掌時，兩掌要平行向前，沿弧線向前推出。

【易犯錯誤】

1. 後坐引收時右腿屈坐不夠，上體挺髖後仰。

2. 按掌時身體前俯。

133

（二十三）十字手

上體右轉，重心右移，右腿屈坐，左腳尖內扣；右手向右分擺至頭前；眼看右手（圖133）。

134

上體繼續右轉，右腳尖外撇，右腿屈弓，左腿自然伸直，成右橫襠步（側弓步）；右手繼續向右劃弧，擺至身體右側，兩臂平舉於身體兩側，掌心皆向外，指尖斜向上；眼看右手（圖134）。

上體左轉，重心左移，左腿屈弓，右腿自然伸直，腳尖內扣；兩手下落劃弧，在腹前交叉，抱於胸前，右手在外，掌心向內；眼平視前方（圖135）。

上體轉正；右腳輕輕向左收回半步，隨之全腳踏實，兩腿慢慢直立，體重平均放於兩腿，兩腳平行向前，與肩同寬，成開立步；兩手交叉合抱於體前，兩臂撐圓，兩腕交搭成斜十字形，高與肩平；眼平視前方（圖136）。

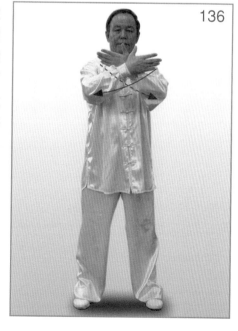

【動作要點】

1. 此勢的手、腰轉動和重心移動幅度比較大，同時配合兩腳的扣轉、外撇和收併。整個動作要保持平穩連貫，完整一氣，中途不要斷勁。

2. 收腳合抱時，上體保持端正，不可低頭彎腰。兩臂要撐圓，不可抱得過緊。

【易犯錯誤】

1. 第一、二動身體右轉時，動作不連貫，中途停頓。

2. 重心左右移動中，兩腿直立，低頭彎腰，上體搖晃。

3. 合抱動作聳肩、夾肘，兩臂沒有掤滿。

137

（二十四）收　勢

兩臂內旋，兩手翻轉左右分開，與肩同寬；眼平視前方（圖137）。

兩臂徐徐下垂，兩手落於大腿外側，與肩同寬；眼平視前方（圖138）。

左腳輕輕提起與右腳併攏，腳前掌先著地，隨之全腳踏實，恢復成預備姿勢；眼看前方（圖139）。

【動作要點】

1. 翻掌分手時，兩手應邊分邊翻轉。

2. 併步還原時，左腳應注意「點起點落」，輕勻沉穩。

【易犯錯誤】

1. 翻掌分手時腕關節屈折挽花。

2. 垂臂落手時兩臂屈伸，兩手收按。

如何練好24式太極拳

(一)學練提示

1. 樹立信心
樹立信心，勤學多練，避免貪多求快，馬虎草率，練上幾個月的時間，摸清了太極拳基本規律，就能打得很好。

2. 持之以恆
太極拳可以提高人體生理機能，增強對疾病的抵抗力，但需要經過一定時期系統的鍛鍊，不是練幾下就能見效的。

3. 循序漸進
太極拳鍛鍊的效果和質量密切相關，沒有正確的姿勢和動作，就收不到健身和醫療的功效。一旦形成了錯誤定型，糾正起來比學習新的動作更困難。學太極拳要循序漸進地學，紮實地學，寧要少，但要好，打好基礎，這樣才能收效大，進步快。

4. 適當掌握運動量
運動量大小與練拳的時間長短、姿勢的高低、動作的準確程度相關。恰當的運動量，要根據個人的體質條件來定。一般來說，練完拳以後，感到輕鬆舒服，情緒很高，說明運動量大小合適。

5. 打拳速度的掌握
初學打拳時，要先想後做，邊想邊做。所以動作的速度宜慢不宜快，甚至中途可以有小的停頓。慢的好處是能夠照顧每個動作的細節，及時檢查和糾正動作的缺點，容易做到心靜、體鬆，同時可以保持重心穩定。動作熟練以後，可以稍快一些，動作之間不要停頓，力求連貫圓活，均勻自然。練二十四式太極拳動作熟練時，一套拳可用5～6分鐘，也可快到4分鐘；初學者慢練可用8分鐘甚至10分鐘。練起來要求由始至終氣勢完整，不能忽快忽慢。

6. 選好練拳的時間和場地
練拳的時間最好安排在清晨或傍晚。清晨練拳，可以幫助擺脫睡眠時的抑制狀態，使頭腦清醒，為工作和學習做好準備；傍晚練拳，可以幫助消除疲勞，有休息的作用。清晨和傍晚時，環境較安靜，便於思想集中。練拳之後，不要馬上吃飯和睡

覺，最好稍微平靜一會兒，使運動時的興奮狀態逐漸消失。此外，工間和課餘也是進行太極拳鍛鍊的好時光。練拳最好找空氣新鮮和安靜的環境，避免風沙和煙霧。公園、河邊、樹林和庭院中都是很好的地方。如果在室內，最好在空氣流通和有陽光的地方。打拳時，最好穿寬大柔軟的便服和運動服，不要穿西裝和硬底鞋，以免妨礙動作。天太冷時可戴上帽子和手套。練完以後，要把汗擦乾，以免感冒。

7. 做好準備活動和整理活動

由於太極拳是一項柔緩的運動，因此不少人往往忽視了練習前的準備活動和練習後的整理活動。準備活動是使身體進入運動狀態的必要手段。身體肌肉、關節沒有擺脫僵滯，大腦處於緊張思維之中，打起拳來就難以入靜和入境，這是練習者的共同體會。太極拳的準備活動包括兩個方面：一是生理準備。目的是克服人體惰性和肌肉黏滯性，使運動器官從相對靜止狀態進入工作狀態，相關的肌肉、關節、韌帶活動開，運動中樞走向興奮，以便更準確地支配運動器官。二是心理準備。目的是消除思維的緊張狀態，使心理平靜，精神集中。準備活動可採取慢跑、體操、站椿、壓腿、活腰等內容。活動，強度要小，但要充分和認真。整理活動是為了使運動器官恢復平靜，消除疲勞。可以採取放鬆體操、散步、活動性遊戲、按摩等，以避免肌肉持續緊張，防止膝關節過度疲勞。有人打拳以後，習慣馬上坐下來休息或靜止站立，這是很不好的習慣，很容易造成膝關節損傷，應該改正。

8. 全面鍛鍊，合理調配

太極拳是一項有益的健身運動。任何健身運動都會存在一定的局限性。太極拳最明顯的局限是缺少上肢力量性活動和身體缺氧訓練。為了使身體全面發展，有條件、有能力者完全可以和應該選擇適當的其它運動加以補充和調配。

(二)練習步驟和技術要求

24式太極拳與傳統套路相比，內容有所精煉，但不能降低技術標準，放鬆質量要求。24式太極拳為初學者入門提供了方便，但不等於它的技術標準和要求可以放鬆和簡化。一般說來，24式太極拳的學練提高可以分成三個階段：第一階段打好形體基礎；第二階段力求完整協調；第三階段注重內外相合，形神兼備。

1. 基礎階段

打太極拳要首先做到姿勢動作正確，符合要求，打好形體基礎。形的基礎指身型、手型、步型、身法、手法、步法、腿法、眼法等型法符合規格，避免錯誤定型。武術家常說「學拳容易改拳難」，一旦形成錯誤習慣，糾正會更困難，所以從學練之初就要十分注意型和法的規範要求。體的基礎指體力、素質和基本功的訓練，為技術提高打好物質基礎。這一階段的技術要求和練習要點是：

（1）體鬆心靜

打拳時要求身體放鬆，心理安靜，精神集中，呼吸自然。要學會調整自己的身體，消除緊張，不但使肢體舒鬆，還要做到心理安靜。有些初學者，尤其是青年學生，認為認真就要多用力氣，結果常常周身緊張僵硬，面紅氣喘，違背了太極拳的特點。也有人打拳三心二意，邊打拳邊思考問題，精神處於緊張和煩惱之中，影響了鍛鍊效果。體鬆和心靜是太極拳的基本修養，只有消除身體的緊張和思想的雜念，不斷調整，控制自己的身心狀態，才能進入太極拳的修煉境界。

（2）立身中正

打太極拳要求中正安舒，端正自然。有的人長期形成了不良習慣，打拳時拱肩駝背，低頭彎腰。也有人動作緊張生硬，造成身體前俯後仰，擺臀扭胯。這些都要認真糾正，在打拳中努力保持良好的體型、體態。

（3）型法準確

對每種型法的規格、要領都要清楚，一招一勢力求準確。因此希望初學者不要貪多求快，囫圇吞棗，切忌照貓畫虎，似是而非。有些人常有先比劃會動作，再追求規格的想法。實踐證明，改正錯誤習慣比學習新動作更困難。從一開始就力求準確，寧可學得少一點，努力做得好一點的學習態度，是最紮實、最有效的途徑。

（4）重心平穩

24式太極拳除少數動作重心有明顯升降，大部分過程保持屈腿半蹲狀態，身體好像端正坐在自己腿上。步法移動要求一腿半屈支撐，穩定重心，另一腿輕輕移動，邁步如貓行。這樣不僅加大了運動量，也使動作輕靈、柔和、穩固，表現出太極拳特點。

（5）舒展柔和

24式太極拳的姿勢和動作，既不能緊張生硬，也不能

軟縮乾癟。它好像一個充滿氣的氣球，柔和而飽滿，具有向外膨脹，支撐八面的張力，太極拳稱為柔中寓剛的「掤勁」。初學者一時掌握這種技巧比較困難，但應做到姿勢舒展，動作柔和，柔而不軟，展而不硬，剛柔適度。在放鬆自然狀態下，輕柔飽滿地展現自身。

2. 熟練階段

這一階段要求打拳完整協調，連貫圓活，動作如行雲流水，和諧流暢，不發生「斷勁」現象。這是衡量一個人技術熟練與否的重要標誌。

（1）上下相隨

任何太極拳都要求手、眼、身、步協調配合，周身形成一個整體。例如「雲手」動作，腰脊旋轉，帶動兩臂交叉劃圓和兩手雲轉，同時重心左右移動和兩腳側行，眼神隨時注視交換的上手。這樣就形成一個節節貫串，上下相隨的全身活動。初學者往往顧此失彼，發生手腳脫節，四肢與軀幹分家，以及運動中生硬轉折，忽輕忽重等現象，武術術語稱為「斷勁」。太極拳技術的提高和熟練，首先應表現出運動的協調性、完整性。

（2）運轉圓活

這也是技術熟練的具體表現。好像優秀司機駕駛車輛時，盡量平穩柔和，避免衝擊搖晃一樣，太極拳也要力求圓活和順，轉接自然，避免直來直往，生硬轉換。要做到這一點，需要特別重視腰和臂的旋轉，以腰為軸帶動四肢。以臂為軸牽引兩手，使手腳動作和軀幹連成一體。

（3）動作連貫

太極拳動作之間要前後銜接，綿綿不斷，不允許有明顯的停頓和割裂。在教學中，為使初學者便於對照檢查，常採用分解教學的方法。但是動作熟練以後，一定要消除割裂痕跡。前一動作的完成即轉入後一動作的開始，做到「勢斷勁不斷，勁斷意不斷」。兩個動作之間，先由意念和氣勢聯結轉換，再由腰腿帶動四肢，由內而外，由微漸著地發生形變。切忌生硬突然，急起急停。

3. 自如階段

這一階段的重點是意念引導和呼吸調整，力求氣勢流暢，內外相合，形意統一，得心應手。

（1）以意導體，分清虛實

練太極拳自始至終要求思想專一。但是初學時思想只能集中於記憶動作和規格要領，其表現是精力用在手腳上。動作熟練以後，思想集中於周身協調，精力重點用在腰腿上。技術再提高，思想就會轉入動作的虛實和勁力的剛柔運用方面，表現為精力放在意念引導動作上。好像演員最終要以情感人，塑造角色內心世界，而不能停留在形體外表上一樣，太極拳最終也要求「重意不重形」，「不在形式在氣勢」。太極拳表面平淡均勻，實際上充滿了豐富變化，表現在動作的虛實、勁力的剛柔、拳法的蓄發、身法的開合等方面。一般說來，太極拳每個動作都有起、轉、蓄、發不同的階段。起和轉的過程屬虛的階段，勁力要輕柔，法要舒鬆；蓄的過程為由虛轉實階段，勁力要輕靈收縮，身法要內開外合；發的過程為實的階段，勁力要沉穩充實，充滿張力，身法要內合外開，對拉互拔。這些變化和運用，都要以意念為主導，「先在心，後在身」，意動身隨氣勢相合，才能得到完善體現。所以說，太極拳絕不是死水一潭，而是充滿生機和變化。

（2）以氣運身，氣力相合

初學太極拳只要求自然呼吸，當吸則吸，當呼則呼，通暢自然，不必受動作約束。技術提高以後，應該有意識地引導呼吸與動作配合，使動作和勁力得到更好發揮。這種呼吸叫做「拳勢呼吸」。一般說來，當動作轉實時，應該有意識地呼氣、沉氣，以氣助力；當動作轉虛時，有意識地吸氣，以利於動作轉換。所以，太極拳經典理論說「能呼吸然後能靈活」。實際上，無論意識與否，我們日常的呼吸總是與勁力運用和身體動作相配合的。隨著動作的起、升、伸、開，胸腔舒張而吸氣；隨動作的落、降、縮、合，胸腔收縮而呼氣。隨雙手伸接而吸氣，隨雙手推送而呼氣。拳勢呼吸只是把這種自發的配合轉成自覺的引導。因此它是積極的，也是順乎自然的。那麼，是否有了拳勢呼吸就不要自然呼吸了呢？不是。

因為二十四式太極拳不是呼吸體操，它的動作變化不是根據呼吸節奏而是根據拳法要求編定的，不僅不同的太極拳套路，其呼吸次數、節奏不相同，就是同一二十四式太極拳，不同體質、年齡、技術水準的人練起來呼吸也不一致。所以，太極拳總是拳勢呼吸和自然呼吸二者並用，同時還有聯繫，二者的調整呼吸作為過渡，才能保證太極拳做到「氣以直養而無害」。

24式太極拳動作路線

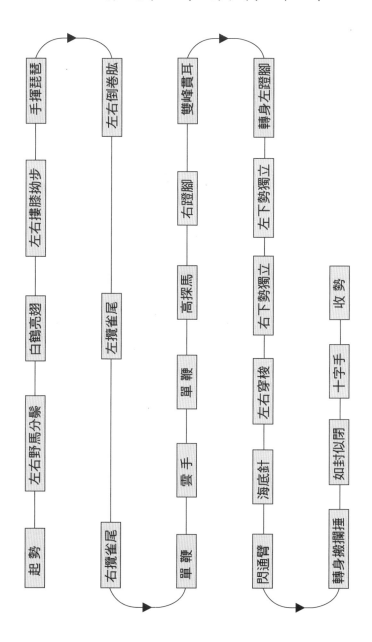

起勢 → 左右野馬分鬃 → 白鶴亮翅 → 左右摟膝拗步 → 手揮琵琶 → 左右倒卷肱 → 左攬雀尾 → 右攬雀尾 → 單鞭 → 雲手 → 單鞭 → 高探馬 → 右蹬腳 → 雙峰貫耳 → 轉身左蹬腳 → 左下勢獨立 → 右下勢獨立 → 左右穿梭 → 海底針 → 閃通臂 → 轉身搬攔捶 → 如封似閉 → 十字手 → 收勢

起 勢　　　　　　　　　　　　　　　　　　　　左右野馬分鬃

白鶴亮翅　　　　　　　　　　　　　　　左右摟膝拗步

手揮琵琶 　　　　　　　　　　　左右倒卷肱

 24式太極拳分解動作 ─ 99 ─

左攬雀尾

右攬雀尾

 單 鞭

雲 手

單 鞭

高探馬　　　　　　　　　　　　　　　　　　　右蹬腳

雙峰貫耳

轉身左蹬腳　　　　　　　　　　　　　　左下勢獨立

右下勢獨立

左右穿梭

海底針

閃通臂 　　　　　　　　　　　　　　　　　　　轉身搬攔捶

如封似閉 　　　　　　　　　　　　　　　　十字手

收 勢

定價220元

定價220元

定價220元

定價220元

定價350元

定價350元

定價350元

定價350元

定價350元

定價350元

定價350元

定價350元

定價350元

定價220元

定價220元

定價220元

定價350元

定價220元

定價350元

定價350元

定價220元

定價220元

定價220元

養生保健 古今養生保健法 強身健體增加身體免疫力

 醫療養生氣功
定價250元

 中國氣功圖譜
定價250元

 少林醫療氣功精粹
定價250元

 龍形實用氣功
定價220元

 魚戲增視強身氣功
定價220元

 道家玄牝氣功
定價200元

 仙家秘傳祛病功
定價160元

 少林十大健身功
定價180元

 中國自控氣功
定價250元

 醫療防癌氣功
定價250元

 醫療強身氣功
定價250元

 醫療點穴氣功
定價250元

 中國八卦如意功
定價180元

正宗馬禮堂養氣功
定價420元

 道家秘經內丹功
定價300元

 三元開慧功
定價250元

 防癌治癌新氣功
定價180元

 顯密圓通家功修煉
定價200元

 顛倒之術
定價360元

 簡明氣功辭典
定價360元

 八卦三合功
定價230元

 朱砂掌健身養生功
定價250元

 抗老功
定價230元

 意氣按穴排濁自療法
定價250元

 健身祛病小功法
定價200元

 張氏太極渾元功
定價250元

 中國少林禪密功
定價200元

 郭林新氣功
定價400元

 太極八卦之腱實用圖解
定價280元

 現代原始氣功
定價400元

 開脈太極
定價300元

 養生精義入門功法
定價300元

 太極內功養生法
定價180元

 無極養生氣功
定價200元

 小周天健康法
定價200元

 易筋經
定價350元

 沈髓經
定價400元

 精功易筋經
定價200元

 武當熙門九心活氣功
定價280元

 手杖健身法
定價200元

 養生導引術
定價180元

 武當道教養生長壽功
定價200元

 太極拳內功養生心法
定價280元

 意拳
定價280元

 靜坐要訣
定價200元

健康加油站

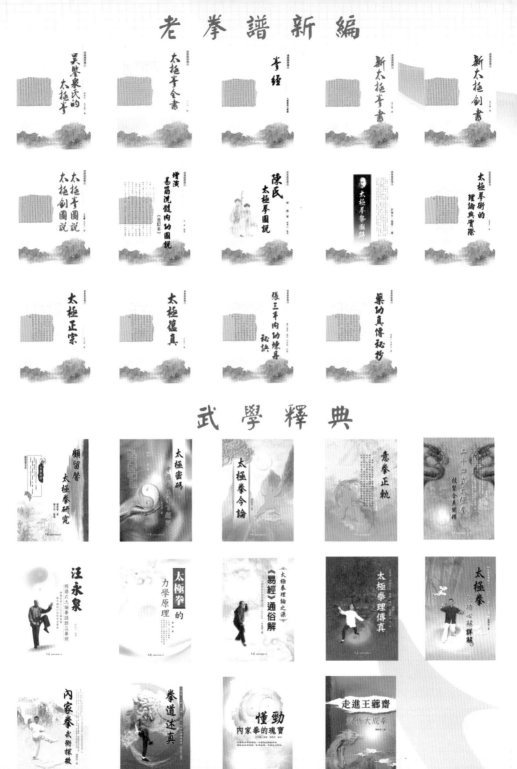

老拳譜新編

吳鑑泉氏的太極拳

太極拳全書

拳經

新太極拳書

新太極劍書

太極拳圖說 太極劍圖說

增演 易筋洗髓內功圖說（合訂本）

陳氏 太極拳圖說

太極拳勢圖解

太極拳術的理論與實際

太極正宗

太極爐真

張三丰內功煉身秘訣

藥功真傳秘抄

武學釋典

顧留馨太極拳研究

太極密碼

太極拳今論

意拳正軌

二十四式太極拳技擊含義闡釋

汪永泉

太極拳的力學原理

《易經》通俗解

太極拳理傳真

太極拳

內家拳武術探微

拳道述真

懂勁 內家拳的瑰寶

走進王薌齋

太極武術教學光碟

太極功夫扇
五十二式太極扇
演示：李德印 等
(2VCD)中國

夕陽美太極功夫扇
五十六式太極扇
演示：李德印 等
(2VCD)中國

陳氏太極拳及其技擊法
演示：馬虹(10VCD)中國
陳氏太極拳勁道釋秘
拆拳講勁
演示：馬虹(8DVD)中國
推手技巧及功力訓練
演示：馬虹(4VCD)中國

陳氏太極拳新架一路
演示：陳正雷(1DVD)中國
陳氏太極拳新架二路
演示：陳正雷(1DVD)中國
陳氏太極拳老架一路
演示：陳正雷(1DVD)中國
陳氏太極拳老架二路
演示：陳正雷(1DVD)中國
陳氏太極推手
演示：陳正雷(1DVD)中國
陳氏太極單刀・雙刀
演示：陳正雷(1DVD)中國

郭林新氣功
(8DVD)中國

本公司還有其他武術光碟
歡迎來電詢問或至網站查詢
電話：02-28236031
網址：www.dah-jaan.com.tw

原版教學光碟

歡迎至本公司購買書籍

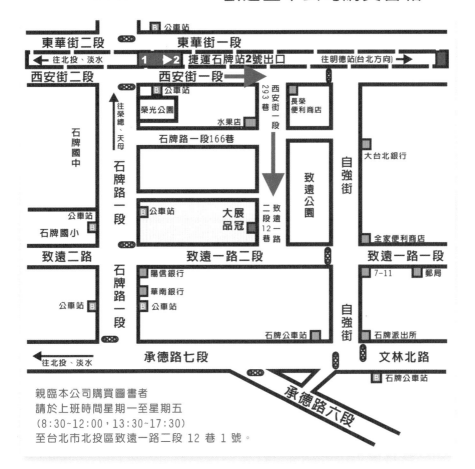

親臨本公司購買圖書者
請於上班時間星期一至星期五
(8:30~12:00，13:30~17:30)
至台北市北投區致遠一路二段 12 巷 1 號。

建議路線
1. 搭乘捷運、公車
　　淡水線石牌站下車，由石牌捷運站2號出口出站(出站後靠右邊)，沿著捷運高架往台北方向走(往明德站方向)，其街名為西安街，約走100公尺(勿超過紅綠燈)，由西安街一段293巷進來(巷口有一公車站牌，站名為自強街口)，本公司位於致遠公園對面。搭公車者請於石牌站(石牌派出所)下車，走進自強街，遇致遠路口左轉，右手邊第一條巷子即為本社位置。

2. 自行開車或騎車
　　由承德路接石牌路，看到陽信銀行右轉，此條即為致遠一路二段，在遇到自強街(紅綠燈)前的巷子(致遠公園)左轉，即可看到本公司招牌。

大展好書　好書大展
品嘗好書　冠群可期